Marius Pletl
Cómo ganar dinero con Tik Tok

Marius Pletl

Cómo ganar dinero con Tik Tok

La guía

Este libro está protegido por derechos de autor.

Textos: © Copyright by Pletl

Diseño de portada: © Copyright by Pletl

Impresión

Pletl

Augustusplatz 1-3

04109 Leipzig

Germany

Contacto: feedback-book@hotmail.com

Descargo de responsabilidad

Este libro se ha escrito para proporcionar información. Se ha hecho todo lo posible para que este libro sea lo más completo y preciso posible. Sin embargo, puede haber errores de tipografía o de contenido. Además, este libro sólo contiene información hasta la fecha de publicación. Por lo tanto, este libro debe utilizarse como una guía y no como la fuente definitiva. El propósito de este libro es iluminar. El autor y el editor no garantizan que la información contenida en este libro sea completa y no aceptan ninguna responsabilidad por errores u omisiones.

Referencia del contenido

Introducción 7

Historia de Tiktok 9

Características y tendencias de TikTok 12

Cómo ganar dinero en Tiktok 17

1. Hacer crecer tu base de clientes y venderles 17

2. Una plataforma para la publicidad: Tiktok es un sitio de medios sociales 19

3. Crear contenidos nuevos e interesantes es crucial para el éxito de tu sitio web. 20

4. Hay que gestionar las iniciativas de marketing de influencers 21

5. Perfil único de TikTok: 22

6. Elige canciones o ideas populares: 23

7. Enlaza tu canal de YouTube: 24

8. Mantener la coherencia 24

9. Haz que tus vídeos sean más visibles 25

10. Apoyo a una marca específica 26

11. Comprende a tu público objetivo: 27

12. Reconocer a tus competidores 28

13. El método de marketing de TikTok 29

14. Aceptar donaciones para tus transmisiones en directo 30

15. Crea un plan para tu sitio web y empieza a construirlo 31

16. TikTok te permite vender tus propios productos 32

Introducción

Las redes sociales son un servicio basado en la web que facilita la conexión con otras personas para la creación de redes sociales y basadas en intereses. Estos servicios proporcionan espacios sociales electrónicos o sitios de redes sociales diseñados para promover la conversación, la colaboración y el intercambio de contenidos entre personas conectadas a través de redes sociales. Los sitios de redes sociales (SNS) más conocidos incluyen verdaderos sitios de redes sociales como MySpace, Facebook y Tagged, así como varios tipos de sitios de interés especial. Debido a su capacidad para crear redes sociales, los sitios para compartir contenidos y las comunidades de medios de comunicación, como YouTube, TikTok y Flickr, también suelen contarse en esta categoría. TikTok, un famoso programa de producción de cortometrajes que se ha hecho cada vez más popular en los últimos años, permite ganar dinero online. Una de las principales razones es el marketing de influencers. TikTok permite a las personas que tienen la capacidad de persuadir a otras ganar dinero simplemente utilizando su cuenta de TikTok. Si quieres utilizar este método para ganar dinero, debes seguir los siguientes pasos.

TikTok es una aplicación de vídeo que permite a los usuarios crear y compartir cortometrajes. Sin embargo, en lugar de pulsar o deslizar de una página a otra como en Snapchat o Instagram Stories, se pasa de un vídeo a otro desplazándose hacia arriba y hacia abajo, de forma similar a un feed.

Los creadores de vídeos tienen una variedad de herramientas a su disposición, como filtros similares a los de Snapchat (y más tarde a los de otras plataformas), la posibilidad de buscar sonidos para utilizarlos como banda sonora de sus vídeos, y mucho más.

También se anima a los usuarios a interactuar entre ellos, ya sea mediante vídeos de "respuesta" o mediante el uso de "duetos", que permiten a los usuarios duplicar películas e incluirse junto a las originales.

En TikTok, los hashtags juegan un papel inesperadamente importante. En los buenos tiempos, Twitter suponía que sus usuarios se agruparían en torno a los hashtags para participar en una serie interminable de minidiscusiones fructíferas que aparecerían en la plataforma.

En TikTok, los hashtags se utilizan como un principio organizador real y funcional: no para las noticias de última hora o para cualquier otra cosa que esté de moda en cualquier lugar que no sea TikTok en ese momento, sino para diferentes "retos", por ejemplo, o bromas, o patrones repetitivos, u otros bloques de actividad identificables.

Historia de Tiktok

La gente solía enviar vídeos sincronizados con los labios a Musical.ly, que luego se convirtió en TikTok. En 2018, la empresa tecnológica china ByteDance compró la popular aplicación de sincronización de labios Musical.ly y la combinó con su propia aplicación de sincronización de labios Douyin. El resultado fue TikTok, que debutó en agosto de este año. La aplicación se había descargado más de mil millones de veces en septiembre de 2018, superando a Facebook, Instagram, YouTube y SnapChat como la aplicación más popular en cuanto a instalaciones mensuales. El personal y los usuarios de TikTok (el 60% de los cuales tienen entre 16 y 24 años en EE.UU.) lo describen como un entorno colaborativo en el que es más fácil hacerse viral que en otras plataformas de medios sociales. El atractivo de la aplicación se basa en la visualización continua de películas de 15 segundos con efectos especiales extravagantes, vídeos de respuesta con bailes y hashtags populares como #ThatsMyType, #HeyGirl, #EGirls y #EBoys, que representan las muchas subculturas representadas en la aplicación -por muy extrañas que sean-, incluyendo lo que Drea llama una "extraña fascinación por Peppa Pig". "

Las interfaces de usuario de TikTok y Douyin son casi idénticas, pero no tienen acceso al contenido del otro. Cada uno de sus servidores se encuentra en el mercado en el que se puede descargar la aplicación correspondiente. Aunque las dos ofertas son similares en apariencia, sus características no son idénticas. Douyin ofrece una función de búsqueda en el vídeo que permite a los usuarios buscar más vídeos de personas basándose en sus rostros, así como otros servicios como compras, reservas de hotel y dejar opiniones con geoetiquetas. Debido a su popularidad en Asia Oriental, Asia Meridional, el Sudeste Asiático, Estados Unidos, Turquía y Rusia, TikTok/Douyin ha ganado rápidamente tracción en muchas otras regiones del mundo desde su debut en 2016. Según la empresa, TikTok alcanzó los 2.000 millones de descargas de smartphones en todo el mundo en octubre de 2020.

En mayo de 2021, TikTok nombró a Shou Zi Chew como su nuevo director general, en sustitución de la directora general interina Vanessa Pappas, que asumió el cargo tras la marcha de Kevin A. Mayer el 27 de agosto de 2020. El 3 de agosto de 2020, el presidente estadounidense Donald Trump amenazó a TikTok con prohibirla en Estados Unidos el 15 de septiembre de 2020 si fracasaban las conversaciones para adquirir la empresa por parte de Microsoft u otra empresa "muy estadounidense". El 6 de agosto, Trump firmó dos órdenes ejecutivas que prohibían las "transacciones" con TikTok y WeChat, así como con sus respectivas empresas matrices ByteDance y Tencent, en Estados Unidos. Las órdenes entrarán en vigor 45 días después de su emisión y se aplicarán tanto a TikTok como a WeChat. El 20 de septiembre de 2020, un tribunal federal aplazó la prohibición de la aplicación durante una semana, tras lo cual la orden fue detenida por un juez federal. En junio de 2021, el presidente Biden emitió una nueva orden para levantar la prohibición. Debido a los problemas de privacidad, la aplicación ha sido bloqueada por el gobierno indio desde junio de 2020, junto con otras 223 aplicaciones chinas. Tras las acusaciones de vídeos "inmorales" e "indecentes", Pakistán prohibió TikTok el 9 de octubre de 2020, pero el gobierno revocó su decisión 10 días después. Un tribunal paquistaní impuso otra prohibición de TikTok en marzo de 2021 en respuesta a las denuncias de material "indecente".

Características y tendencias de TikTok

La aplicación para teléfonos inteligentes TikTok permite a los usuarios hacer cortometrajes, normalmente acompañados de música, que pueden acelerarse, ralentizarse o modificarse con filtros. También tienen la opción de añadir su propio sonido a la música de fondo. Con el software, los usuarios pueden crear vídeos musicales eligiendo la música de fondo entre una amplia gama de géneros musicales, editarla con un filtro y grabar un vídeo de 15 segundos con cambios de velocidad antes de subirlo a TikTok o a otras redes sociales para compartirlo con sus seguidores. También pueden hacer vídeos cortos de sincronización labial con canciones famosas para subirlos a YouTube.
Si vas a la pestaña "Para ti" de TikTok, verás un feed de vídeos que se te han sugerido en función

de tu actividad en la aplicación. La inteligencia artificial (IA) de TikTok genera sugerencias de vídeo basadas en el contenido que a los usuarios les ha gustado, han participado o han buscado. Los usuarios también pueden decidir si añaden vídeos a sus favoritos o los marcan como "no interesados" mientras ven vídeos en su página. TikTok mezcla el material que a los usuarios les ha gustado para crear sugerencias de vídeos que a otros usuarios también les gustaría. Según las normas de TikTok, los usuarios y su material sólo pueden aparecer en la página "Para ti" si son mayores de 16 años. La página "Para ti", la página de Sonidos y todos los hashtags no muestran resultados para los usuarios menores de dieciséis años.

La función "React" de la aplicación permite a los usuarios grabar su reacción a un vídeo concreto, que luego se muestra encima del vídeo en una pequeña ventana que puede moverse por la pantalla. La función "Dúo" permite a los usuarios grabar una película junto a otro vídeo y editarla al mismo tiempo. La función "dúo" era otra característica diferenciadora de musical.ly. Además, la función de dúo sólo puede utilizarse si ambos participantes han establecido su configuración de privacidad en "privado". Además, la función de dúo sólo puede utilizarse si ambos participantes han establecido su configuración de privacidad en "privado".

Los usuarios pueden guardar los vídeos que no quieran publicar inmediatamente en su carpeta de "Borradores". Los usuarios tienen la opción de ver y publicar sus "borradores" como consideren oportuno. Los usuarios tienen la opción de hacer su cuenta "privada" a través de la aplicación. Cuando un usuario descarga la aplicación por primera vez, su cuenta es pública por defecto. En los ajustes, los usuarios tienen la opción de hacer que su información sea privada. El material privado sigue siendo accesible para los usuarios de TikTok a los que se les ha dado permiso para verlo, pero está oculto para los usuarios de TikTok a los que no se les ha dado permiso para verlo. Los usuarios individuales o sólo sus "amigos" pueden interactuar con ellos a través de la aplicación comentando, enviando mensajes y vídeos de "respuesta" o "dúo", según sus preferencias. Los usuarios también pueden elegir que los vídeos individuales sean "públicos", "sólo para amigos" o "privados", independientemente de que la cuenta sea privada o no.

Los usuarios también pueden denunciar los contenidos inapropiados, por ejemplo, si contienen spam o son ofensivos de alguna manera. En la sección "Para los padres" del Centro de Ayuda de

TikTok, la empresa asegura a los padres que se puede bloquear y denunciar el material inapropiado para sus hijos.

Cuando los usuarios siguen a otros usuarios, aparece una página "Seguir" a la izquierda de la página "Para ti", indicando que se sigue a la persona. En esta página, los usuarios sólo pueden ver los vídeos de las cuentas que siguen. La sección "guardada" también puede contener películas, hashtags, filtros y sonidos que los usuarios hayan creado. Al producir un vídeo, los usuarios pueden volver a su parte previamente guardada o empezar de cero con una nueva película. A diferencia del resto del perfil, esta parte sólo es accesible para la persona que lo ha creado. Permite acceder a cualquier vídeo, hashtag, filtro o sonido previamente guardado.

La función de mensajería directa también permite a los usuarios enviar vídeos, emoticonos y mensajes a sus amigos. TikTok también tiene una función que permite a los usuarios crear un vídeo basado en sus comentarios. Se sabe que los influencers hacen un gran uso de la función "en directo". Esta función sólo está disponible para las personas que tienen al menos 1.000 seguidores y son mayores de dieciséis (16) años. Si el usuario es mayor de 18 años, sus seguidores pueden hacer "regalos" virtuales que luego se pueden canjear por dinero.

Una de las últimas adiciones que estarán disponibles en 2020 es el elemento "Elementos virtuales" de la función "Pequeños gestos". Esta característica se basa en la extendida tradición de los regalos sociales en China. Desde el lanzamiento de esta función, muchas empresas y marcas de cosméticos han creado cuentas de TikTok para participar y promover esta función. Como consecuencia de la cuarentena impuesta en Estados Unidos, las donaciones sociales han ganado en popularidad. Según un portavoz de TikTok, la campaña ha creado "un sentimiento de solidaridad y ánimo con la comunidad de TikTok en estos momentos difíciles".

TikTok introdujo en febrero de 2020 un "modo de seguridad familiar" que permite a los padres ejercer un mayor control sobre el bienestar digital de sus hijos en la plataforma de medios sociales. Hay una función de control del tiempo de pantalla, así como un modo restringido que te permite limitar los mensajes directos.

Cómo ganar dinero en Tiktok

1. Hacer crecer tu base de clientes y venderles

La forma más común de ganar dinero en Tik Tok es crear cuentas y luego venderlas. Las cuentas de TikTok pueden comprarse por diversos motivos, cada uno de los cuales es único a su manera. Los dos motivos más comunes son los comerciales y los personales. Cuando alguien decide vender su cuenta personal de TikTok, permite al nuevo propietario hacerse cargo de la cuenta y cambiar el nombre de visualización por el suyo. Con este método, las personas pueden mostrar el número de seguidores que tienen, a la vez que se adentran rápidamente en otros temas que les interesan. Es más fácil conseguir que la gente responda a los DM (mensajes directos) si tienes un gran número de seguidores en TikTok, ya que la gente está más dispuesta a participar en discusiones contigo si tienes un gran número de seguidores.

La segunda motivación más común para vender una cuenta de Instagram es con fines comerciales. Los compradores que adquieren una cuenta de empresa son responsables de rellenar el perfil de empresa con toda su información personal y de la empresa. Poder mostrar sus productos o servicios a personas que están interesadas en el mismo grupo demográfico que ellos les da una ventaja sobre sus competidores. Para evitar confusiones, cuando vendas tu cuenta de TikTok, asegúrate de destacar el área de experiencia que cubre tu cuenta de TikTok.

Al igual que en Instagram, eliges un nicho y luego produces material entretenido, preferiblemente contenido que se vuelva viral, para atraer al tipo de personas que serían el cliente perfecto para tus productos.

Ya hay personas en este ámbito que crean perfiles de TikTok en torno a una pasión específica que tienen. Cuando se trata de temas específicos, puede que no tengan nada que ofrecer directamente, pero se ponen en contacto con empresas de ese espacio y les venden su perfil de TikTok, y así es como los individuos realmente ganan dinero.

La buena noticia para las empresas de productos es que es realmente muy fácil vender sus productos a los clientes una vez que tienen esta cuenta. TikTok Live es una de las plataformas a través de las cuales los particulares venden sus productos. Además de la retransmisión en directo, también celebran subastas o presentan nuevos productos durante el

espectáculo.
Y, por supuesto, siempre está el enlace en tu biografía para animar a tus seguidores a comprar tus productos. En otras palabras: Si eres una de esas personas a las que les gusta usar TikTok y quieres crear una audiencia y una comunidad en torno a un tema concreto, hazlo. Luego acércate a las empresas que quieran acceder a esos seguidores y véndeles tu cuenta.

2. Una plataforma para la publicidad: Tiktok es un sitio de medios sociales.

Utilizar su red publicitaria es otra forma de ganar dinero en TikTok, además de tus propias creaciones. Ahora puedes buscar "anuncios de TikTok" y registrarte para acceder a su red publicitaria, al igual que los anuncios de Facebook e Instagram.
El tráfico de pago se explica por sí mismo si has hecho marketing online antes.
Si supones que tu público objetivo es activo en TikTok, puede valer la pena producir unos cuantos anuncios e invertir algo de dinero en pruebas para ver qué tal funcionan allí.
Así podrás vender más productos tuyos en TikTok

en el futuro.
Todos los países, por pequeños que sean, hacen esfuerzos importantes para convertirse en influenciadores sociales en Instagram, Twitter o TikTok.

3. Crear contenidos nuevos e interesantes es crucial para el éxito de tu sitio web.

Esto también significa tener nuevos vídeos para ver cada día. La gente querrá ver tus vídeos si los diseñas bien. Lo mismo ocurre con tus canales de redes sociales: El contenido que publicas allí es tan bueno como cualquier otro de Internet.
Crear contenido que aproveche la popularidad de TikTok y Reels es un factor de crecimiento importante para los artistas y las empresas en este momento. Piensa en el valor que puedes aportar a tu audiencia y que se ajusta a tu área de experiencia para obtener los mejores resultados.
Los vídeos que hacen que los espectadores se sientan inspirados, ya sea un tutorial paso a paso o una rápida sugerencia de estilo, tienden a tener un mejor rendimiento y, por lo tanto, aparecen más a menudo en la página Para ti de TikTok.

4. Hay que gestionar las iniciativas de marketing de influencers.

La cuarta forma de ganar dinero con TikTok es gestionar programas de influencers. Este concepto no es nuevo. Ya existen agencias de influencers especializadas en la gestión de influencers de Instagram.
El mismo principio se aplica a TikTok. Puedes actuar como intermediario entre un creador de TikTok y una marca que quiera trabajar con ese artista a través de TikTok. Puedes cobrar una tarifa por la gestión de esas campañas, que incluye todo, desde la redacción del acuerdo hasta la gestión de ambas partes y la garantía de que se cumplan todos los objetivos; tú eres simplemente un coordinador.
En lo que respecta a la inteligencia de la plataforma, TikTok va por delante; ya tiene un programa interno de influenciadores. Por ejemplo, si soy una gran empresa y voy a TikTok y digo: "Oye, aquí es donde estoy", ¿con qué influencers debería trabajar? Eso es algo que soy capaz de hacer.
La única condición es que yo dé una parte de los ingresos a TikTok, ya que fui el intermediario del acuerdo.
Como servicio o agencia, puedes ayudar a las empresas a ahorrar dinero negociando un acuerdo

fuera de TikTok y facilitando el proceso fuera de la plataforma de la app.

5. Perfil único de TikTok:

Debes crear un perfil único de TikTok para ser considerado. Hay una gran cantidad de material en TikTok.
Si quieres conectar con tu público a un nivel más profundo, necesitas un enfoque distintivo.
Aprovecha que ningún otro influencer de TikTok ha tratado el tema que has elegido para tus vídeos.
TikTok ha tenido un año muy productivo en 2019.
Pero incluso si tu material de vídeo no es único, la forma de presentarlo puede conducir al éxito.
La gente busca algo diferente de lo que está acostumbrada a ver en su vida cotidiana.
Si ofreces algo diferente a lo habitual, es probable que la gente lo tenga en cuenta.
Esfuérzate por mantenerte al día de las últimas tendencias del marketing de influencers para conocer mejor lo que buscan los clientes.
Un gran número de influencers con excelentes ideas han creado algunos vídeos fantásticos que se han hecho virales.
¿Quieres saber cómo hacerlo?

Vamos a ver si lo resolvemos con la ayuda de algunos ejemplos.

Khaby Lame es un verdadero ejemplo de éxito online. Ha conseguido pasar de perder su trabajo por la epidemia a convertirse en una celebridad muy bien pagada en Internet.

Comenzó a utilizar TikTok en marzo de 2020, durante la primera ronda de bloqueos a nivel nacional, y desde entonces ha acumulado más de 100 millones de seguidores en la plataforma de medios sociales.

Patrimonio neto: entre 1 y 2 millones de dólares
Se dice que TikTok tiene 106 millones de usuarios. Instagram tiene 36,8 millones de usuarios activos. Considera la posibilidad de producir material que la gente aprecie y disfrute regularmente.

Cuando crees una cuenta de TikTok, tu objetivo debe ser conseguir el mayor número de seguidores posible.

6. Elige canciones o ideas populares:

Tienes que elegir canciones o conceptos que sean actualmente populares en Internet.

Puedes hacerte una idea del estado de ánimo del público navegando un poco por las redes sociales más populares.

7. Enlaza tu canal de YouTube:

Puedes vincular tu cuenta de TikTok a tu canal de YouTube y a tu cuenta de Instagram.
Esto te ayudará a aumentar el número de personas que ven tus vídeos de TikTok.
Para vincular tu canal de YouTube a TikTok, primero debes ir a la página de perfil de la aplicación, luego seleccionar Editar perfil y después tocar Añadir YouTube para completar el proceso.
Para vincular tu cuenta de Instagram, ve a la sección Editar perfil y selecciona Añadir Instagram en el menú desplegable.

8. Mantener la coherencia

Por favor, esfuérzate por mantener la coherencia tanto de tus vídeos como de las horas en que los publicas. Establece un horario para subir tus vídeos y cúmplelo.
De este modo, tu público sabrá exactamente qué esperar y cuándo esperarlo. Al principio, puedes

adoptar un enfoque de prueba y error y probar diferentes cosas.
Sin embargo, si un vídeo en particular es el que tiene más "likes" y "shares", deberías seguir con material similar.
Es probable que tus seguidores empiecen a adorarte por un determinado tipo de material de vídeo y visiten tu perfil a menudo cuando sea el momento de publicar un nuevo vídeo.

Publica algo sobre tu vida cotidiana, tus viajes u otras actividades entre las actualizaciones programadas para crear un elemento de sorpresa. Esto te ayudará a conectar con tu público y a romper la monotonía que supone repetir lo mismo una y otra vez.

9. Haz que tus vídeos sean más visibles

TikTok es una aplicación para compartir vídeos, pero el hecho de que publiques tus películas allí no significa que vayas a llegar a una gran audiencia. Tu cuenta de TikTok debe ser promocionada a través de varios medios sociales: En tu blog y en tus páginas de Facebook e Instagram, tienes que proporcionar un enlace a tu perfil de TikTok.

También deberías enviar tus vídeos a YouTube. Esto te ayudará a conseguir más seguidores y a estar un paso más cerca de convertirte en un Influencer de TikTok de éxito. Promueve todo lo posible.

Para mantener el efecto sorpresa, las estrellas de arriba publicaron algo distinto a sus habituales vídeos de sincronización labial que les convirtió en estrellas.

También puedes participar en actividades de promoción cruzada. Utilizar TikTok para dirigir a tu audiencia a tus otras cuentas de redes sociales (YouTube, Instagram, etc.) es una buena estrategia si ya tienes muchos seguidores en otras plataformas.

10. Apoyo a una marca específica

¿Cuánto dinero pueden esperar ganar los artistas de TikTok?

Los influencers que son conocidos en TikTok pueden ganar entre 500 y 20.000 dólares por vídeo mediante la promoción de la marca y la interacción con los seguidores.

Cuanto mayor sea la tasa de interacción del público objetivo, mayor será la probabilidad de que el anunciante convierta a ese público, según el

estudio.
Tu cuenta de TikTok puede generar ingresos después de acumular miles de seguidores, así que estate atento a las oportunidades para hacerlo.
Podrías dirigirte a las empresas y proponerles una colaboración para desarrollar un producto o servicio.
Tienes la oportunidad de persuadir a las marcas basándote en tu influencia.
Para convencerles, puedes utilizar a tu favor los comentarios positivos de tus fans o su participación en las transmisiones de vídeo en directo.
Si consigues acumular un gran número de seguidores en poco tiempo, puedes estar seguro de que las empresas se acercarán a ti.

11. Comprende a tu público objetivo:

Tienes que entender a tu público objetivo y crear vídeos pensando en él.
Deben aprender algo mientras ven las películas, ya sea un consejo útil o simplemente un buen momento para relajarse.
"¿Quién va a ver mis vídeos?", te preguntarás.
"¿Por qué la gente debería ver mi vídeo de todos los vídeos?"

"¿Qué tipo de entretenimiento debo proporcionar?"

Para crear un vídeo único, es importante conocer las respuestas a estas preguntas. La mayoría de los usuarios globales de TikTok son hombres (55,6%) y mujeres (44,4%).

Si observamos detenidamente estos datos, veremos que esta aplicación es utilizada por más adolescentes que adultos y que los hombres dominan este grupo de edad.

Otra estadística interesante es que esta aplicación la utilizan más hombres de 40 años que los de 30 y 50 años.

Echa un vistazo a los vídeos más populares de TikTok para hacerte una idea de lo que es popular entre el público en general antes de crear tus propios vídeos.

12. Reconocer a tus competidores

¿Quieres ganar dinero en TikTok?

En primer lugar, tienes que determinar lo fácil o difícil que te resultará hacerlo investigando a tus competidores.

Una vez que hayas decidido a qué tipo de público quieres llegar, debes investigar a todos los

influencers que se dirigen a personas de un grupo demográfico similar al tuyo.
Echa un vistazo a sus vídeos.
Fíjate en el tipo de material que publican y en el número de "me gusta" y "compartidos" que obtienen por cada publicación. Siempre puedes hacer algo parecido a su trabajo, o inspirarte en él y hacer algo nuevo a partir de ahí.
Averigua qué es lo que falta y que otros influencers no están abordando. Si buscas el eslabón perdido y desarrollas tu contenido teniendo en cuenta eso, puedes tener éxito.
Por ejemplo, si la mayoría de la gente hace sincronización de labios en los vídeos y tú quieres hacer lo mismo, puedes elegir algunas melodías inusuales que sean diferentes de las que ya existen.

13. El método de marketing de TikTok

Para cada imagen o vídeo de TikTok subido, hay un campo de leyenda que puedes utilizar para explicar el contenido con más detalle.
Cuando crees un pie de foto, es importante que utilices hashtags relevantes para asegurarte de que la publicación recibe toda la atención posible.
Para las publicaciones de TikTok, hay una serie de

herramientas que optimizan el contenido y sugieren hashtags. Posteriormente, Hashtagify y Hash Tracking son sólo algunos ejemplos de empresas o servicios asociados a los hashtags. Todas estas estrategias son excelentes para garantizar que los pies de foto atraigan al mayor número posible de seguidores.

Si subes un vídeo de TikTok, también es muy importante que utilices subtítulos adecuados.

No olvides incluir una opción de "deslizar hacia arriba" en tu vídeo de TikTok para que los usuarios sean llevados directamente a una página de Facebook o a un perfil de empresa cuando vean tu vídeo.

Esta puede ser una forma fantástica para que las empresas utilicen su cuenta de Instagram para generar ventas o clientes potenciales en un corto período de tiempo.

14. Aceptar donaciones para tus transmisiones en directo.

Aceptar contribuciones de tus seguidores/espectadores es una de las muchas formas de ganar dinero en Tiktok, y es una de las más populares.

Al igual que en Twitch, tus espectadores donan dinero por disfrutar de tu emisión en directo....
Cuando transmites en directo en TikTok, tienes la opción de activar los regalos en directo, para que puedas recibir recompensas en tiempo real y cobrar tus premios a través de PayPal.
Sin embargo, hay una pequeña trampa.
Para compensar la falta de una moneda física, TikTok ofrece una serie de monedas dentro de la aplicación que los espectadores deben comprar antes de regalarlas a sus influencers favoritos.
Las monedas se pueden encontrar en Ajustes >> Saldo >> Recarga.
El siguiente paso es convertir estas monedas en premios virtuales, que se pueden encontrar en el sitio web y que vienen en una variedad de interesantes variantes.
También hay diferencias en su valor monetario y en el número de monedas necesarias.

15. Crea un plan para tu sitio web y empieza a construirlo.

Desarrolla tu estrategia empresarial y diseña tu sitio web para que parezca profesional en tu campo.

Si es posible, tu sitio web debe ser profesional y estar actualizado al mismo tiempo.
Al fin y al cabo, el sector del marketing de influencers en su conjunto no es más que moderno. También debe incluir información sobre los influencers con los que trabajas y lo que ofreces a los artistas y empresas. Y, lo más importante, obtén un permiso formal para crear tu agencia para proteger tu privacidad y tus derechos.

16. TikTok te permite vender tus propios productos.

La plataforma TikTok te permite vender productos y otras mercancías que puedes utilizar para ganar dinero a través de tu canal.
De forma similar a la creación de tu agencia de influencers, esta es otra estrategia de ingresos que es autosuficiente.
Cuando ofrezcas tus productos en TikTok, llegarás a un amplio público, que según la empresa está formado principalmente por la Generación Z y los Millennials.
Combinadas, estas generaciones tienen un poder adquisitivo de unos 150.000 millones de dólares sólo en EEUU. Es una gran oportunidad que hay

que aprovechar. En primer lugar, tienes que hacer que tus productos sean accesibles al mayor número posible de clientes potenciales.
Una forma de hacerlo es a través del Hashtag Challenge Plus de TikTok, que está disponible en la aplicación. Al igual que el contenido generado por el usuario, se trata de animar a tu audiencia a producir y compartir material que muestre tu producto en sus cuentas de redes sociales.
La única novedad es un hashtag shoppable que permite a los clientes interesados comprar el producto directamente desde la interfaz de la app.

Si tienes una página de aterrizaje con posibilidad de compra, TikTok creará una para ti a la que los clientes potenciales serán redirigidos cuando hagan clic en el hashtag. El hashtag también se mostrará en la página de descubrimiento, lo que te ayudará a conseguir más eco en las redes sociales.
El Hashtag Challenge fue lanzado por Kroger, un minorista estadounidense, que fue la primera empresa en participar.
Con la ayuda de cuatro influencers, se animó a cada vez más usuarios de TikTok a publicar en las redes sociales vídeos de la transformación de sus dormitorios bajo el hashtag #TransformUrDorm. Como resultado de la campaña, se generaron más

de 477 millones de visualizaciones de vídeo y cientos de miles de composiciones de vídeo generadas por los usuarios.

A continuación se exponen las razones por las que, como comercializador de Instagram, creo que TikTok es potencialmente más poderoso que Instagram.

Las historias de Instagram, en mi opinión, son comparables a los vídeos de TikTok en el sentido de que caducan a las 24 horas, pero su alcance es más limitado. Aquí es donde entra en juego la popularidad de TikTok. Con TikTok, es similar a YouTube: Si publicas un vídeo hoy, el algoritmo puede recogerlo meses después y empujarlo a los feeds de las personas que podrían estar interesadas.

Como tus películas no desaparecen, pueden seguir generando una cantidad importante de tráfico y de miradas para ti meses después de haberlas publicado en YouTube.
Personas con relativamente pocos seguidores en TikTok pueden conseguir millones de visitas para sus vídeos sólo por este factor. Esto se debe a que el algoritmo recoge tu vídeo y lo reenvía.

En consecuencia, el algoritmo la distribuye entre quienes cree que estarán interesados en la información que difunde. Y -hola- es una sensación extraña despertarse con millones de visitas pero sólo un puñado de seguidores.

www.ingramcontent.com/pod-product-compliance
Lightning Source LLC
Chambersburg PA
CBHW070845220526
45466CB00002B/887